Gabriela von Witzleben

Enneagramm kompakt

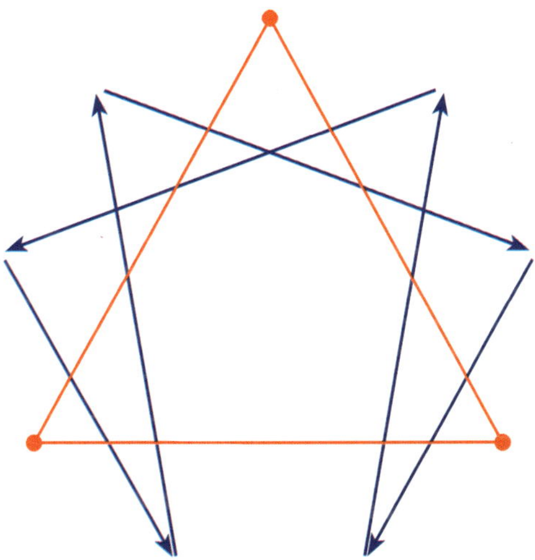

1. Auflage 2014

Autor: Gabriela von Witzleben
Lektorat, Korrektorat: sinntext
Satz: Sebastian Bähr
Umschlaggestaltung: Sebastian Bähr
Printed in Germany

Verlag: tao.de in J. Kamphausen Mediengruppe GmbH, Bielefeld,
www.tao.de, eMail: info@tao.de

Bibliografische Information der Deutschen Nationalbibliothek:
Die Deutsche Nationalbibliothek verzeichnet diese Publikation in der Deutschen Nationalbibliografie; detaillierte bibliografische Daten sind im Internet über http://dnb.d-nb.de abrufbar.

ISBN: 978-3-95529-292-8

Inhaltsverzeichnis

Das Drei-Zentren-Modell Enneagramm

Das Enneagramm ist ein Modell über neun Persönlichkeitsstrukturen. Das Wort leitet sich aus dem Griechischen ab und bedeutet: Ennea = Neun und Gram = Figur. Es handelt sich um ein grafisch dargestelltes Modell, welches aus einem Sechszack und einem Dreieck besteht. Die den Strukturen zugeordneten Zahlen sind kreisförmig angeordnet. Oft wird im Kontext des Enneagramms das Wort »Typ« verwandt. In diesem Buch wird bewusst von Strukturen gesprochen. Das soll verdeutlichen, dass es um eine strukturelle Grundlage der Persönlichkeit geht und nicht um eine Typisierung.

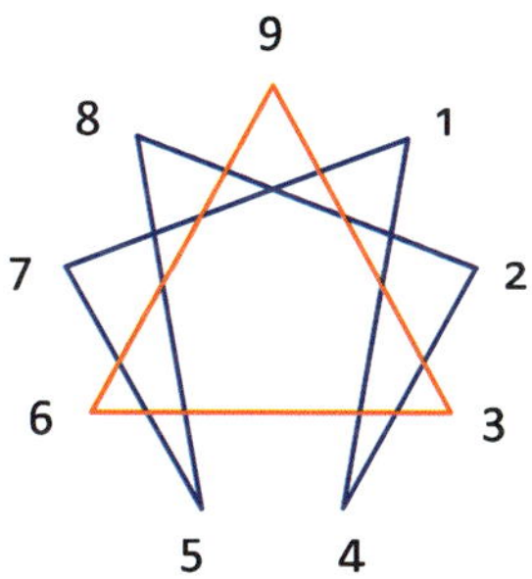

Abb. 1: Grafische Darstellung des Modells

Das Enneagramm-Modell lässt sich so beschreiben: Der Mensch hat drei Zentren der Wahrnehmung und Aufmerksamkeit: Bauch, Herz und Kopf. Im Modell erfolgt eine Zuordnung, dass jeder Mensch in einem dieser drei Zentren primär verankert ist. Die anderen beiden Zentren sind entsprechend nachgeordnet. Nachgeordnet bedeutet, sie spielen eine genauso wichtige Rolle, sind jedoch nicht der Ausgangspunkt für das strukturelle »Betriebssystem«.

Was bis hierhin noch abstrakt wirken mag, wird leichter nachvollziehbar, wenn man mit einbezieht, dass diese drei Zentren sich tatsächlich auch körperlich ausdrücken können und dass bestimmte Redewendungen wie »da hüpfte mir das Herz vor Freude« oder »das schlägt mir auf den Magen« oder das beliebte »Bauchgefühl« nicht von ungefähr Teil unseres Sprachgebrauchs sind. Sie drücken unsere Erfahrung aus, dass eine Wechselwirkung zwischen Körper und Psyche ständig vorhanden ist.

Oft ist es für den Einzelnen jedoch schwer zu unterscheiden, ob es ein Gefühl im Herzen ist oder ob das Gefühl doch eher dem Bauch entspringt. Das Modell des Enneagramms bietet Perspektiven, wie diese Einschätzung besser gelingt und wie dann z. B. mit dem »Bauchgefühl« umzugehen ist. Allein für diese Differenzierung der Wahrnehmung lohnt es sich, sich näher mit dem Enneagramm zu beschäftigen.

Die Bedeutung der drei Zentren für die Kommunikation

Das psychische Betriebssystem des Menschen ist durch den Wahrnehmungsfilter seines Primärzentrums geprägt.

Dies hat für die Kommunikation zwischen Menschen eine hohe Bedeutung, da bei identischen Inhalten unterschiedliche Grundthemen aktiviert werden. Alleine die drei Grundthemen der drei Zentren eignen sich, um deutlich zu machen, wie unterschiedlich die Bedürfnisse in der Kommunikation sein können.

Das kann sich schon darin äußern, dass *Person Bauch* einen anderen, sprich größeren Abstand im Kontakt wünscht als *Person Herz*.

Person Herz möchte gerne fühlen und spüren, wie der Andere ihr gegenüber in Kontakt ist, was naturgemäß auf zu große Distanz schwer möglich ist.

Person Kopf kann den Überblick verlieren, wenn Person Herz ihr zu nahe rückt.

Es kann aber auch Orientierungslosigkeit entstehen, wenn *Person Bauch* zu viel Abstand hält.

Wenn es zu Konflikten oder Missverständnissen kommt, so wird jede dieser Personen gerade ihre eigene Strategie verstärken, um ihr Grundbedürfnis zu sichern. Dies kann wiederum beim Anderen dazu führen, dass sein Grundbedürfnis dadurch bedroht ist. Diese grundlegenden unterschiedlichen Bedürfnisse können durch die weitere Differenzierung in die neun Enneagramm-Strukturen noch genauer gefasst werden.

Die Kenntnis der drei Zentren und die Bedeutung der Verankerung in einem dieser Zentren führt in der Kommunikation zu:

- **größerem Handlungsspielraum**
- **stabilerem Kontakt**
- **größerem Überblick**

Ausblick und Perspektive mit dem Enneagramm

Welchen Nutzen bringt das Enneagramm?

Das Enneagramm bringt Erkenntnisse über die eigenen Hauptthemen, die sich wie ein roter Faden durch das Leben ziehen. Die Benennung und Ortung der drei Grundthemen Autonomie – Beziehung – Sicherheit dient als Orientierung in zwischenmenschlichen Beziehungen. Dies kann in beruflichen Kontexten, in privaten Beziehungen und auch im therapeutischen Setting, im Coaching und in der Beratung unterstützend sein.

Eine Enneagramm-Struktur, die nicht überlagert ist von Strukturen aus dem Familiensystem oder deformiert aufgrund biographischer Ereignisse oder Traumata, ist eine enorme Ressource. Durch die Kenntnis der Enneagramm-Struktur wird die Ich-Identität gestärkt und symbiotische Verstrickungen und fremde Aufträge oder Überzeugungen lassen sich von der eigenen Struktur gut abgrenzen.

Weiter bietet das Enneagramm die Möglichkeit, sich selber »auf die Schliche zu kommen« – und zwar ohne dass eine Abwertung des eigenen Systems stattfindet. Eine gezielte Beeinflussung und sinnvolle Richtung der eigenen Entwicklung kann so entstehen. Keine Struktur ist besser als die andere. Jedoch ist die Lebensaufgabe, die für den Einzelnen in seiner Struktur steckt, die größte Herausforderung. Dies kann Menschen auch abschrecken, weil sie sich unangenehmen Seiten in sich stellen müssen und eine Versöhnung mit den Schattenseiten oft ein schmerzhafter und mühseliger Prozess ist.

Der Gewinn ist:

- mehr Handlungsspielraum für die eigene Persönlichkeit
- ein besser gesteuerter Umgang mit sich selbst und anderen
- mehr Reflektion in Konfliktsituationen
- eine klare Linie für das eigene Handeln und Erleben

Die eigene Struktur erscheint jedem Menschen ganz selbstverständlich und normal. Deshalb ist es nicht ausreichend, die eigene Persönlichkeitsstruktur nur aufgrund von Verhaltensbeschreibungen herausfinden zu wollen, denn Verhaltensweisen können aus sehr unterschiedlichen strukturellen Betriebssystemen gespeist sein. Zudem sind sich die Menschen ihrer Komplexität bewusst und können sich in mehreren oder gar allen neun Strukturen entdecken. Dies ist auch ganz natürlich, da das Enneagramm neun archetypische Strukturen beschreibt.

So fordert die Entdeckung der eigenen Struktur eine hohe Disziplin im Denken, Begreifen und Erfühlen. Dreh- und Angelpunkt für die Erforschung sind die drei Grundenergien. Das Primärzentrum und das damit verbundene Grundthema stellen die Grundlage für jede weitere Persönlichkeitsstruktur-Erforschung dar.

Die Persönlichkeitsstruktur im Kontext des Enneagramms

Das Enneagramm beschreibt und erfasst die energetische Basis für den strukturellen Raum der Psyche.

Hier ist der Begriff des Terroirs wesentlich. Dieser Begriff wird im Weinanbau verwandt und resultiert aus dem Grundgedanken, dass die Charakteristik einer Rebsorte von der Stelle des Bodens, an welcher die Rebe gewachsen ist, bestimmt wird.

Diesen Begriff auf das Enneagramm anzuwenden heißt: Die Enneagramm-Struktur ist das Terroir, auf dem die verschiedenen Anteile der Psyche sich entwickeln, wachsen und existieren. Der Boden muss nicht unbedingt sichtbar und wahrnehmbar sein, er kann durch den Lauf des Lebens und die daraus resultierenden individuellen Eigenschaften und Merkmale bewachsen sein. Es ist zwar zu vermuten, dass es »bodenspezifische Pflanzen« gibt, die darauf wachsen, aber das ist nicht zwingend. An diesem Bild wird deutlich, dass sehr ähnliches Verhalten auf unterschiedlichen Enneagramm-Struktur-Böden wachsen kann. Und auch der Umkehrschluss liegt nahe: Unterschiedliches Verhalten kann auf den gleichen Enneagramm-Struktur-Böden wachsen. So liegt der Fokus bei der Betrachtung einer Enneagramm-Struktur nicht auf der Festschreibung von Verhaltensweisen, vielmehr entstehen diese – um im Bild des Terroirs zu bleiben – indem der spezifische Boden Umwelteinflüssen wie Familie, Biographie, Traumata etc. ausgesetzt und davon beeinflusst ist.

Diese Umwelteinflüsse können bestimmender und prägender sein als die Enneagramm-Struktur selbst. Sie kann durch diese Einflüsse deformiert oder verschleiert sein. Der Boden der Struktur ist weiterhin vorhanden und eine Ressource an sich. Wer Zugang zu seiner Struktur hat, erlebt nicht nur die Begrenzung darin, sondern auch die Stärkung durch das Potenzial, welches in jeder Struktur angelegt ist.

Somit ist es sinnvoll, das Enneagramm immer im Zusammenhang mit systemischen Einflüssen zu betrachten. Denn eine Enneagramm-Struktur von biographischen Themen zu unterscheiden oder psychischen Fehlhaltungen bedarf unter Umständen einer genaueren Prüfung.

Nur weil einem etwas gewohnt oder vertraut ist, entspricht das noch nicht einer Enneagramm-Struktur. Die Identifikation mit einer Enneagramm-Struktur ist die stärkste Form um in Bindung mit dem Herkunftsfamiliensystem zu bleiben.

Deshalb ist die eigene Enneagramm-Struktur manchmal nicht klar fassbar. Dies kann verschiedene Ursachen haben, man unterscheidet deshalb:

- **Verschleierung der Enneagramm-Struktur**
- **Überlagerung der Enneagramm-Struktur**
- **Deformation der Enneagramm-Struktur**

Die drei Grundenergien

Das Modell Enneagramm geht davon aus, dass die drei Wahrnehmungs- und Organisationszentren

- Bauch
- Herz
- Kopf

Grundlage für die Ausbildung der Persönlichkeitsstruktur eines Menschen sind. Diese drei Energiezentren werden als *Grundenergien* bezeichnet. Jede Grundenergie steht für ein Grundthema.

Grundthema

Das Grundthema resultiert aus der spezifischen Beschaffenheit der Grundenergie.

Bauchenergie = Grundthema Autonomie

Herzenergie = Grundthema Beziehung

Kopfenergie = Grundthema Sicherheit

Die *Bauchenergie* ist das älteste und instinkthafteste Zentrum im Menschen. Wie aus dem Tierreich bekannt, geht es hier um das Territorium, den Raum, den sich jedes Tier sichert. So existiert dieses Zentrum auch im Menschen und lässt uns Entscheidungen »aus dem Bauch heraus« fällen. Dies ist ein Hinweis darauf, dass unbewusste, instinkthafte Entscheidungskriterien beteiligt sind.

Die *Herzenergie* steht für das Thema »Kontakt und Beziehung«. Hier ist genauso wesentlich, dass man sich auf die eigene Wahrnehmung verlassen kann. So ist es möglich, dass man schnell einen Eindruck gewinnt, ob man z. B. jemanden als sympathisch oder unsympathisch empfindet. Meist ist diese Reaktion so schnell, dass sie nicht alleine über den Verstand gelaufen sein kann.

Die *Kopfenergie* ist im Leben klar erkenn- und definierbar. Sie soll Überblick und Orientierung auf Grundlage von Gedanken und rationalen Überlegungen schaffen. Hier werden Informationen kognitiv gesammelt und verarbeitet.

Wenn Menschen einen ressourcenhaften Zugang zu allen drei Zentren haben, so zeigt sich, dass sie breit aufgestellt sind in Bezug auf ihre Möglichkeiten wahrzunehmen, zu beurteilen, zu fühlen und zu verarbeiten.

Ist eines der drei Zentren über- oder unterrepräsentiert, führt dies automatisch zu einer Überlastung oder Blockierung der anderen Zentren.

Primärenergie

Bei jedem Menschen *dominiert* laut Enneagramm eine der Grundenergien und ist somit die Grundlage für seine psychische Struktur. Das entsprechende Verarbeitungszentrum steht also im ersten Rang und wird somit zum *Primärzentrum*.

Menschen, die in der Bauchenergie verankert sind, haben das Thema Raum/Autonomie im ersten Rang.

Menschen, die in der Herzenergie verankert sind, geht es zentral um das Thema Beziehung/Kontakt.

Für Menschen, die in der Kopfenergie verankert sind, steht das Thema Sicherheit/Orientierung im Vordergrund.

Die anderen beiden Energiezentren und die damit verbundenen Grundthemen sind genauso wichtig für jeden Menschen, bestimmen jedoch nicht die psychische Grundstruktur, sondern folgen dem Flow des inneren Dreiecks im Uhrzeigersinn. Flow heißt, dass einer Bewegung gefolgt wird, die die Ressource des jeweiligen Zentrums weiter stärkt.

Die Primärenergie ist die Voraussetzung für das Betriebssystem in der psychischen Struktur des Menschen.

Das bedeutet, dass bei jedem Menschen das Senden und Empfangen von Informationen durch den Filter seines jeweiligen Primärenergiezentrums läuft. Dies geschieht völlig unbewusst, denn der Filter ist immer aktiv und wirkt ganz selbstverständlich.

GRUNDENERGIE BAUCHZENTRUM

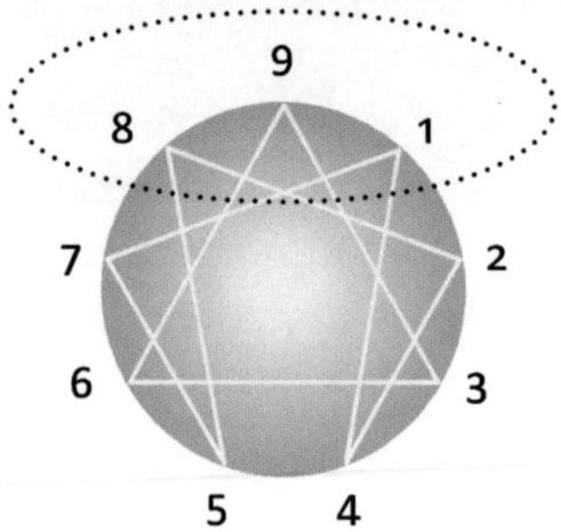

Abb. 2: Struktur 8 – 9 – 1

»Autonomie ist die Grundlage für alles Weitere.«

Die Bauchenergie ist eine territoriale, instinkthafte Energie und damit die ursprünglichste Energieform. Menschen, die von dieser Grundenergie als Primärenergie geprägt sind, beschäftigen sich in ihrer psychischen Grundstruktur mit den Themen Territorium und Raum. Auf vielfältige Weise durchdringen diese Themen die Aufmerksamkeit und Wahrnehmung.

Bei Menschen mit dieser Primärenergie geht es zentral um Raum und Territorium.

Grundenergie Herzzentrum

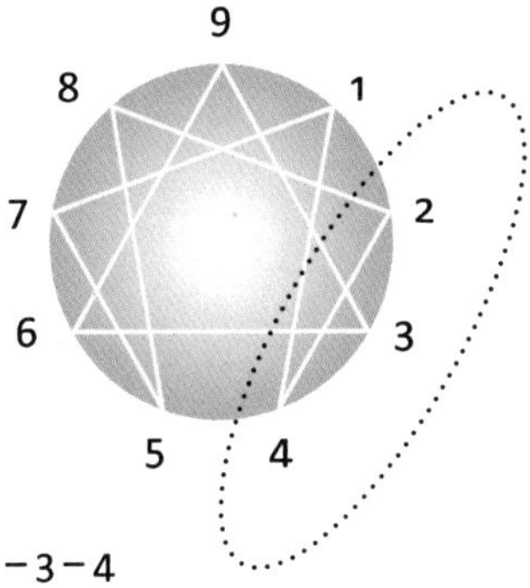

Abb. 3: Struktur 2 – 3 – 4

»Wie stehe ich in Beziehung zu anderen, wie ist der Kontakt?«

Die Herzenergie steht für den emotionalen Bereich. Hier geht es um Beziehung und Kontakt. Deshalb ist die Aufmerksamkeit primär auf das Thema Interaktion ausgerichtet.

Unabhängig davon, ob eine engere Beziehung zu jemandem gewünscht ist oder nicht und ob eine Interaktion tatsächlich stattfindet oder nicht: Aufmerksamkeit und Wahrnehmung sind automatisch auf Kontakt ausgerichtet.

Bei Menschen mit dieser Primärenergie geht es zentral darum, geliebt zu werden, in Kontakt zu sein und anerkannt zu werden.

Grundenergie Kopfzentrum

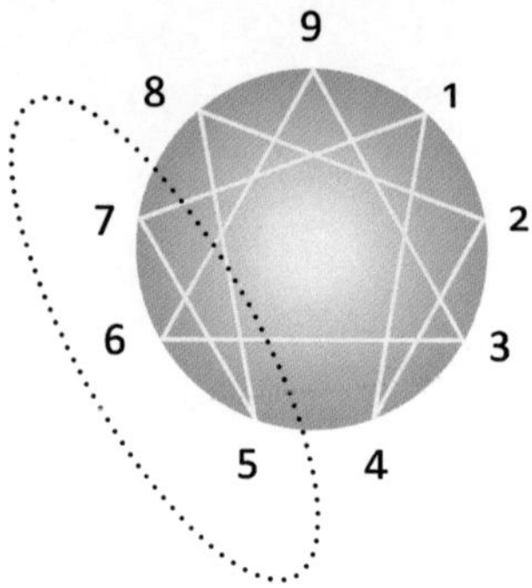

Abb. 4: Struktur 7 – 6 – 5

»Ich muss sicherstellen, dass ich den Überblick nicht verliere.«

Wer in der Kopfenergie beheimatet ist, für den sind die Themen Sicherheit und Orientierung von grundlegender Bedeutung.

Ein Mensch mit dieser Primärenergie wird auf unterschiedliche Weise das Thema »Sicherheit« immer im Fokus haben. Dadurch richten sich Aufmerksamkeit und Wahrnehmung auf Bereiche und Themen, in denen es um Überblick und Orientierung geht.

Bei Menschen mit dieser Primärenergie geht es zentral um das Bedürfnis nach Sicherheit und Orientierung.

Triadisches Prinzip

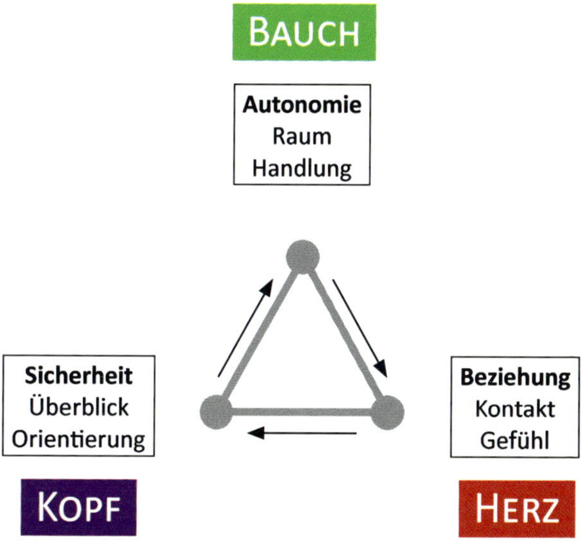

Abb. 5: Triadisches Prinzip (Die Bewegung im Uhrzeigersinn ist die Flow-Richtung.)

Es gibt eine Rangfolge, in der es sinnvoll ist, sich die drei Zentren zu erschließen. Voraussetzung jedoch ist, dass das eigene Primärzentrum auch zugänglich ist, um dort zu starten.

Das Triadische Prinzip basiert auf dem Inneren Dreieck des Enneagramms. Das Modell des Enneagramms trifft eine Aussage darüber, in welcher Reihenfolge die Erfüllung dieser grundlegenden Bedürfnisse sinnvoll ist. Dies sind die Grundthemen, die Bauch – Herz – Kopf zugeordnet sind. Analog zur Entwicklungsrichtung für die Enneagramm-Strukturen 9 → 3 → 6 → 9 gilt dieses Prinzip auch übergeordnet für alle Menschen.

Für Bauchenergien heißt das, das Autonomiethema und den Bauchraum zu spüren, danach in Kontakt mit sich und anderen zu gehen und sich erst danach dem Kopfzentrum zuzuwenden.

Für Herzenergien ist es wichtig, erst einmal zu ihren Gefühlen zu stehen und diese auch zu fühlen, sich anschließend darin zu orientieren – also nicht gleich in die Handlung gehen. Wenn sie sich einen Überblick verschafft haben, können sie mit ihren Gefühlen in die Handlung gehen und sich Handlungsspielräume erschließen.

Für Kopfenergien heißt das, nicht in Vorstellungen zu kreisen, sondern den Schritt in Richtung Raum und Handlung zu gehen. Dann erst ist es für Kopfenergien sicher genug, sich auch den Gefühlen zuzuwenden.

Durch den Flow der Triade ist ein ressourcenorientierter Zugang zu allen drei Wahrnehmungs- und Organisationszentren möglich. Die Über- oder Unterrepräsentanz einer oder zwei der drei Zentren verhindert den Flow und kann psychische Fehlhaltungen unterstützen.

Drei Prinzipien der Grundenergien: Angriff – Erstarrung – Flucht

Im Enneagramm werden die drei Grundenergien weiter in drei Reaktionsprinzipien differenziert. Die drei Reaktionsmöglichkeiten des Stammhirns – Angriff, Flucht und Erstarrung – entsprechen den drei Aggregatzuständen einer Grundenergie.

Zur Verdeutlichung sei ein Beispiel aus dem Bereich der Chemie genannt: Wasser existiert als Wasserdampf (Flucht), als Eis (Erstarrung) und als strömendes Wasser (Angriff).

Dies veranschaulicht, dass diese Zustände nichts mit »angriffslustig« oder »flüchtend« zu tun haben, sondern eine strukturelle Beschaffenheit meinen. Das Eis, der Wasserfall oder der Wasserdampf stellen keine Wertekategorie des Wassers dar, sondern lediglich seine unterschiedlichen Aggregatzustände.

Diese Begriffe können auch auf die drei Energiezentren Bauch – Herz – Kopf angewendet werden. Jede der drei Grundenergien existiert in den drei unterschiedlichen Formen:

- **Angriff**
- **Erstarrung**
- **Flucht**

So resultieren aus den drei Grundenergien in den jeweils drei unterschiedlichen Aggregatzuständen 3 × 3 = 9 → neun Enneagramm-Strukturen.

Die Themen der jeweiligen Enneagramm-Persönlichkeits-Strukturen sind eine logische Folge der entsprechenden Energieform und werden aus ihr gespeist.

Ausgedehnte Energie (Angriffsprinzip)

Das Energiezentrum ist stark ausgebildet und ausgedehnt und deshalb meist in der Wirkung auf die Umwelt deutlich zu spüren.

Die expansive Bauchenergie (Struktur 8) dehnt sich aus und wirkt stark räumlich und körperlich.

Die strömende Herzenergie (Struktur 2) ist zu spüren durch eine starke Ausrichtung auf das Gegenüber.

Die ausgedehnte Kopfenergie (Struktur 5) ist energetisch schwach wahrzunehmen und oft an der überdeutlichen Präsenz der Inhaltsebene zu erkennen.

Gehaltene Energie (Erstarrungsprinzip)

Die Energie ist gehalten. Das heißt, sie ist nicht direkt in ihrer Wirkung zu spüren. Jedoch spielt das Energiezentrum eine große Rolle in Bezug auf das jeweilige Grundthema und das spezifische Lebensthema. Es ist wiederum energiespezifisch, wie sich das Halten auswirkt.

Blockierte Bauchenergie (Struktur 9) wirkt gedämpft.

Erstarrte Herzenergie (Struktur 3) wird in die Aufmerksamkeit um die Außenwirkung gesteckt.

Gehaltene Kopfenergie (Struktur 6) kreist um Gedanken.

Abgewandelte Energie (Fluchtprinzip)

Die Form des Fluchtprinzips ist unterschiedlich und entspricht der spezifischen Beschaffenheit der jeweiligen Energie.

Die impulshafte Bauchenergie (Struktur 1) wird abgespalten und entlädt sich punktuell.

Die nach innen gekehrte Herzenergie (Struktur 4) wird auf das Selbst gerichtet und im Inneren gestaltet.

Die Kopfenergie wird umfunktioniert (Struktur 7). Sie ist flüchtig und richtet sich nach außen.

Grafische Darstellung der drei Reaktionsprinzipien

Aus den Grundthemen Autonomie – Beziehung – Sicherheit entstehen durch die Ausdifferenzierung der Grundenergie neun spezifische Energiestrukturen.

Im Modell Enneagramm stellt das *Innere Dreieck* die *drei Energieformen* des Erstarrungsprinzips von *Bauch – Herz – Kopf* und zugleich die *drei Primärenergiezentren* dar.

Die Grundenergien des Angriffs- und des Fluchtprinzips sind jeweils rechts und links davon angeordnet.

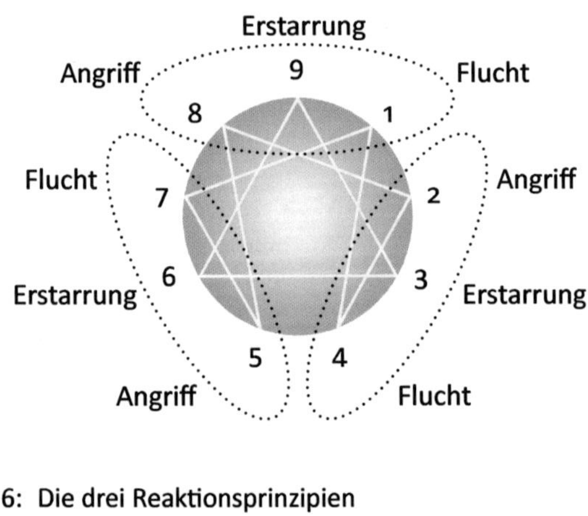

Abb. 6: Die drei Reaktionsprinzipien

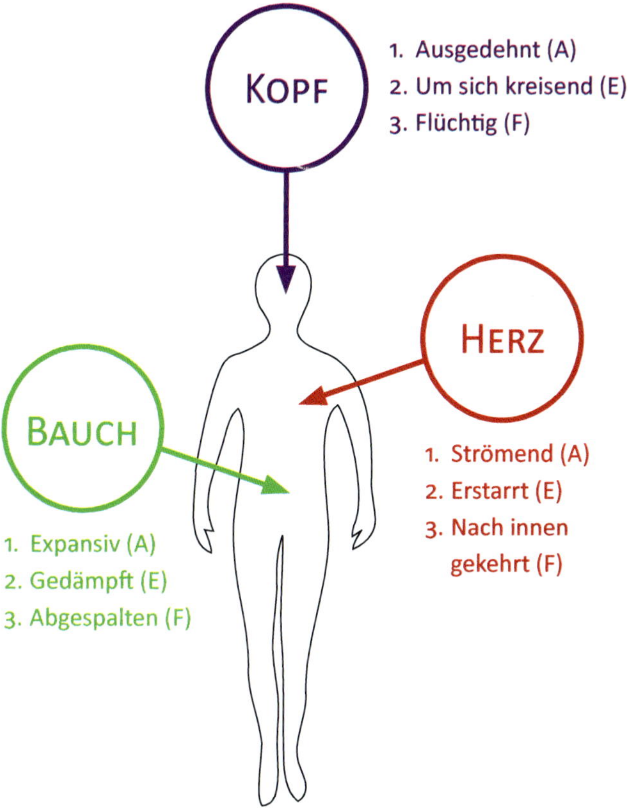

Abb. 7: Die drei Zentren in jeweils drei Reaktionsprinzipien

Die neun Lebensthemen im Überblick

Die drei Grundenergien wirken in jeweils drei unterschiedlichen Reaktionsprinzipien.

Dementsprechend entstehen aus den drei Grundthemen jeweils drei spezifische Lebensthemen.

Aus dem Grundthema »Territorium und Raum« entstehen die Lebensthemen der Strukturen 8 – 9 – 1.

Aus dem Grundthema »Beziehung und Kontakt« entstehen die Lebensthemen der Strukturen 2 – 3 – 4.

Aus dem Grundthema »Sicherheit und Orientierung« entstehen die Lebensthemen der Strukturen 5 – 6 – 7.

Das spezifische Lebensthema ist die Konsequenz aus der Beschaffenheit der Energiestruktur. Es beinhaltet sowohl das Potenzial als auch die Begrenzung, die daraus entstehen. Bei den Begrifflichkeiten ist es bedeutsam, den Begriff des Lebensthemas im Kontext des Enneagramms zu erfassen. Die Vermeidung des Lebensthemas kann genauso zentral wirksam sein wie das Ausleben des Lebensthemas.

Lebensthema heißt: Die Aufmerksamkeit und die Wahrnehmung kreisen um dieses Thema, ob bewusst oder unbewusst. Das Vermeiden des Themas kann genauso viel Aufmerksamkeit erfordern wie das Ausleben.

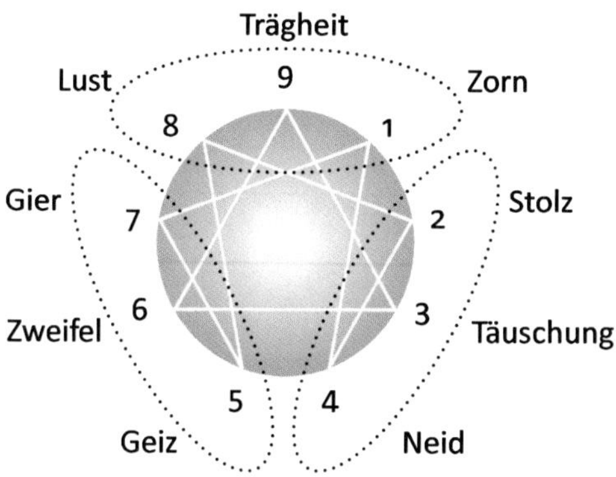

Abb. 8: Die neun Lebensthemen (Jeweils drei Lebensthemen sind durch ein Grundthema geprägt.)

Die neun Lebensthemen im Einzelnen

Lebensthema Struktur 1 – Zorn

Der Zorn der Enneagramm-Struktur Eins, der sich gegen die eigene Person und Andere richtet, wenn die selbst gesetzten Maßstäbe nicht erfüllt werden, ist oft ein sehr kontrollierter Zorn. Wie durch eine Röhre steigt der Zorn aus dem Bauchraum zum Kopf empor und entlädt sich in meist scharfer und überpräziser Form. In der Gegenbewegung wird oft gerade der Zorn um jeden Preis vermieden.

Hier handelt es sich um die abgespaltene Bauchenergie. Menschen dieser Struktur wissen oft nicht, dass ihr Primärzentrum im Bauch ist. Sie versuchen automatisch, die Kontrolle zu behalten, denn die willkürliche Entladung dieser Energie würde ihr Selbstbild beschädigen. Somit müssen Sie immer dafür sorgen, dass die Entladung von Impulsen verhindert wird, es sei denn, die Entladung ist aus ihrer Sicht gerechtfertigt. Dieser energetische Zustand führt zum Lebensthema Zorn.

Lebensthema Struktur 2 – Stolz

Der Stolz der Enneagramm-Struktur Zwei ist indirekt und wird oft verheimlicht. Niemand darf wirklich wissen, welche Bedürftigkeit durch die emotionale Ausrichtung zur Welt hin entsteht. Die nach außen strömende Herzenergie erzeugt eine gewisse Verletzlichkeit und kann schnell zur Abhängigkeit von Anderen führen. Zum Schutz des eigenen Systems und des Selbstbildes soll diese Energie nicht so deutlich sichtbar sein. Durch die strömende Ausformung ist das Thema Beziehung die Sollbruchstelle für Verletzlichkeit und Zurückweisung. Der Stolz kann sich in der Haltung »Ich brauche nichts von euch!« zeigen. Durch die Hinwendung zu Anderen tritt die eigene Person in den Hintergrund. Die eigenen Bedürfnisse werden verdrängt und kommen nur indirekt zum Vorschein.

Lebensthema Struktur 3 – Täuschung

Die Täuschung der ENNEAGRAMM-STRUKTUR DREI wirkt in allen Lebensbereichen und durchdringt die innere Struktur. Die Energie ist hier gehalten und mäßig warm ausgeprägt. Das Thema der Herzenergie ist aber genauso relevant wie bei den anderen beiden Vertretern dieser Energie. Vom Menschen selbst, der diese Struktur hat, wird das jedoch gefühlsmäßig nicht so stark wahrgenommen. Dies ist durch die gedeckte Herz-Energie auch schwer möglich. Durch die erstarrte Form ist das Kontaktthema nicht so offensiv gerichtet, sondern bezieht sich auf Anerkennung und Bestätigung. Damit dies optimal funktioniert, ist eine unwillkürliche und gewandte Adaption an die Anforderungen notwendig. So entsteht das Lebensthema

Täuschung aus der energetischen Ausprägung der Herzenergie.

Lebensthema Struktur 4 – Neid

Bei der ENNEAGRAMM-STRUKTUR VIER ist die Herzenergie nach innen »gestaltet« und dadurch von außen kaum sichtbar. Das Bedürfnis nach Beziehung wird mit sich selbst im Inneren erlebt. So entsteht der Neid des Musters VIER: Andere haben etwas, das für VIERER unerreichbar ist. Der Neid bezieht sich nicht unbedingt auf äußerliche oder materielle Dinge oder Besitzstände. Er ist ein tiefer Ausdruck von Sehnsucht nach dem Unbestimmten. Die Sehnsucht bleibt unerfüllt und ist ein emotionaler Zustand, der sich selbst in seiner Verlorenheit nährt. Dies führt dazu, dass VIERER sich noch weiter in ihr Herz-Schneckenhaus zurückziehen. Umso weniger werden sie von ihrer Umwelt verstanden, was den Neid erneut aktiviert. Andere abzuwerten und die Oberflächlichkeit von Alltag oder Profanität abzuwehren, ist auch Bestandteil der Struktur und soll das Thema Neid begrenzen. Die Welt wird oft als sehr fern erlebt und die damit verbundenen Gefühle erzeugen einen innerlichen Abstand zu dieser ersehnten Welt.

Lebensthema Struktur 5 – Geiz

Der Ich-Geiz der ENNEAGRAMM-STRUKTUR FÜNF zeigt sich in der reduzierten Emotionalität und der reduzierten räumlichen Präsenz. Es wird gesammelt für ein fundiertes Wissen. Die Kopfenergie ist hier stark entwickelt und führt dazu, dass sowohl der Körper als auch die Gefühle oft schwer wahrnehmbar sind. Um den Überblick und die Orientierung zu behalten, verstärkt sich die Kopfenergie automatisch und es werden noch mehr Inhalte und noch mehr Wissen gesammelt. Diese Energie ist nicht räumlich greifend, sodass man sie eher an der Überpräsenz von Inhalten erkennt. Da Orientierung und Überblick so zentrale Themen sind, sollen Emotionen nicht überhand nehmen. Wenn dies doch geschieht, entsteht ein Überflutungsgefühl, welches durch das Lebensthema Geiz kontrolliert werden soll.

Lebensthema Struktur 6 – Zweifel

Die Enneagramm-Struktur Sechs ist die um sich selbst kreisende Kopfenergie. Hier zeigt sich der Erstarrungsmodus in der kreisenden Form. Um dem Grundbedürfnis nach Sicherheit gerecht zu werden, wird unablässig beobachtet. Da aber nie alles genau erfasst werden kann, entsteht der Zweifel. Der Zweifel der Sechs durchdringt alles und wird als selbstverständlicher Begleiter empfunden. Er erzeugt eine tiefe Ambivalenz allem und jedem gegenüber. Autoritäten sind ein ständig präsentes Thema. Es gibt sowohl unterwürfiges als auch rebellisches Verhalten Autoritäten gegenüber. Damit genügend Motivation zur Beobachtung vorhanden ist, benötigen Sechser den Zweifel als Motor für ihre fortwährende, geschärfte Aufmerksamkeit. Somit speist auch hier die spezifische Ausformung der Energie das Lebensthema.

Lebensthema Struktur 7 – Gier

Die umfunktionierte Kopfenergie der ENNEAGRAMM-STRUKTUR SIEBEN versucht, durch die Flucht nach vorne Sicherheit und Überblick zu gewährleisten. Sie ist die schnellste aller neun Energieausformungen, weil sie flüchtig ist und dabei ständig neu im Kopf erzeugt wird. Neu-Gier ist deshalb der erste Impuls dieser Struktur. Wenn man sich mental auf alles und jeden gleichzeitig stürzt, dann behält man am besten den Überblick und vermeidet bedrohliche Zustände. Somit entsteht die Gier aus der mental-impulshaften Ausformung der Kopfenergie und sie kennt keine Grenzen. Durch die Schnelligkeit der Denkweise und das hohe Assoziationsvermögen kann man Ideen und Vorstellungen auch als Ein-Fälle sehen, die kognitiv landen, sofort eine Reaktion hervorrufen und damit wieder die Gier nähren.

Lebensthema Struktur 8 – Lust

Die Lust der ENNEAGRAMM-STRUKTUR ACHT dominiert die Wahrnehmung. Der Fokus ist auf »Lust haben/ Lust fehlt« komplett ausgerichtet und äußert sich sehr absolut und instinkthaft. Die expansive Form der Bauchenergie ist die räumlich präsenteste aller Energien und am wuchtigsten in ihrer Wirkung. Die expansive Bauchenergie lässt sich kaum kontrollieren und dehnt sich naturgemäß aus. Menschen mit dieser Struktur werden oft von sich selbst überrollt und überrollen andere durch das Lebensthema Lust. Dieses entspringt ganz natürlich und selbstverständlich der territorialen, autonomen Bauchenergie. Die Vermeidung der Lust und der damit verbundenen Wuchtigkeit und Dominanz kann genauso bestimmend sein. Vor allem bei Frauen mit der Struktur 8 ist dies häufig der Fall.

Lebensthema Struktur 9 – Trägheit

Die Trägheit der ENNEAGRAMM-STRUKTUR NEUN führt im Innersten zu einer tiefen Selbstvergessenheit und einem diffusen Lebensgefühl. Die Selbstvergessenheit kann sowohl durch Aktivität als auch Passivität überlagert sein. Die blockierte Bauchenergie führt dazu, dass das grundlegende Thema Autonomie nicht mehr wahrgenommen wird. Deshalb wird automatisch innerlich alles verlangsamt, damit ein Ruhekern gewahrt bleibt – dadurch bleibt die Autonomie aufrechterhalten. Durch die Blockierung der Impulse ist es schwer möglich, dieses Territorium aktiv nach außen zu etablieren. Dieser gedämpfte Zustand der Bauchenergie (nicht unbedingt des Menschen!) ist schwer wahrnehmbar, denn es gibt bei dieser Ausformung der Bauchenergie wenig zu fassen.

Aufmerksamkeit und Grundüberzeugung

Struktur 1 – Aufmerksamkeit und Überzeugung

Aufmerksamkeit

»Verbesserungswürdigkeit und Angemessenheit im Fokus«

Die Aufmerksamkeit ist darauf gerichtet, wie es richtig wäre und was falsch ist. Der Aufmerksamkeitsstil ist genau, sehr fokussiert und wird äußerst präzise platziert auf die als wesentlich erkannten Aspekte des Lebens. Das, was verbessert werden kann, zieht automatisch die Wahrnehmung auf sich. Das betrifft sowohl andere Menschen und Situationen als auch die eigene Person.

Grundüberzeugung

»An mir selbst und auch überall sonst ist vieles fehlerhaft und verbesserungswürdig. Ich kann erst zufrieden sein, wenn alles meinen Ansprüchen genügt. Ich suche das richtige Maß. Ich definiere den Bereich des Möglichen und suche die individuelle Vollkommenheit. Alles muss differenziert daraufhin betrachtet werden, was umsetzbar ist, wie weit die Idee der Vollkommenheit gehen kann und darf. Ich weiß genau, dass das Vollkommene nicht möglich ist, werde aber immer an die Grenze bis zum Bestmöglichen gehen. Der Optimierungsgedanke ist deshalb ständig und automatisch aktiv.«

Struktur 2 – Aufmerksamkeit und Überzeugung

AUFMERKSAMKEIT

»Auf Beziehung und Kontakt ausgerichtet«

Die Aufmerksamkeit richtet sich auf das, was andere Menschen brauchen. Das kann sowohl deren emotionalen Zustand, deren Bedürftigkeit oder auch deren Not betreffen. Dieses Nach-Außen-gerichtet-Sein sorgt dafür, dass sich meist um Andere zuerst gekümmert wird. So bleiben die eigenen Bedürfnisse, Nöte und Wünsche oft auf der Strecke und können nur indirekt geäußert werden.

GRUNDÜBERZEUGUNG

»Ich werde nur dann geliebt und kann mich selbst wertvoll fühlen, wenn ich auf andere Menschen bezogen bin, mich auf ihre Bedürfnisse und Nöte einstelle und ihnen etwas gebe. Es ist schwer vorstellbar, dass ich ohne etwas zu geben in einem intensiven Kontakt mit Anderen bin. Meine Emotionalität ist den meisten zuviel und deshalb verberge ich sie besser.«

Struktur 3 – Aufmerksamkeit und Überzeugung

AUFMERKSAMKEIT

»Auf der Situation angepassten Erfolg ausgerichtet«

Die Aufmerksamkeit geht nach außen und ist auf die Wirkung der eigenen Selbstdarstellung gerichtet. Feine Signale von Zustimmung werden ebenso automatisch registriert wie Anzeichen von Ablehnung. Die Selbstdarstellung wird daraufhin automatisch der gegebenen Situation angepasst. Das Selbstbild ist darauf angewiesen, gut anzukommen.

GRUNDÜBERZEUGUNG

»Dass ich gut durchkomme und in allen mir wichtigen Bereichen Erfolg habe, zählt für mich. Ich verwende meine Energie auf die optimale Strategie zum Erreichen der von mir angestrebten Ziele. Ich habe eine genaue Vorstellung von dem, was nötig ist, um erfolgreich zu sein. Worum es dabei geht, kann sehr unterschiedlich sein. Auch innere Werte, Talente, soziale Kompetenz etc. können in diesem Fokus sein.«

Struktur 4 – Aufmerksamkeit und Überzeugung

AUFMERKSAMKEIT

»Auf das Ersehnte ausgerichtet«

Die Aufmerksamkeit geht aus der Gegenwart und dem Alltag weg in eine ersehnte, emotional erfülltere Zukunft oder beschäftigt sich mit der Vergangenheit. So wirken Menschen mit dieser Struktur oft wie nicht erreichbar, denn sie verlieren sich in ihren Gefühlen. Der Wunsch in der Tiefe ist, mit anderen Menschen im Kontakt zu sein. Dies wird aber indirekt gelebt und so verschlüsselt, dass beim Gegenüber eher ein Gefühl von Verwirrung entsteht. Trotzdem ist das Bedürfnis nach einem Miteinander groß und von einer starken Emotionalität geprägt. Diese wird aber nur punktuell nach außen gezeigt, um gleich wieder in Andeutungen und geheimnisvollen Windungen zu verschwinden.

GRUNDÜBERZEUGUNG

»Niemand versteht mich so recht. Ich ahne oft, worum es bei mir geht, kann es aber rational nicht fassen. Ich bin anders als die Anderen, das empfinde ich oft als Belastung. Manchmal verachte ich zwar diejenigen, die allzu profan und weltlich sind. Oft überkommt mich aber auch ein Minderwertigkeitsgefühl, wenn ich sehe, wie Andere fest im Leben stehen. Die Welt erscheint mir oft sehr weit weg. Es fühlt sich unerreichbar an, in Kontakt mit Anderen zu treten, eigentlich gehöre ich nicht so richtig dazu.«

Struktur 5 – Aufmerksamkeit und Überzeugung

Aufmerksamkeit

»Untersuchen und Analysieren«

Die Aufmerksamkeit löst sich vom Körper und von den Gefühlen und reduziert sich auf einen neutralen, beobachtenden und analysierenden Bewusstseinszustand. Menschen mit dieser Struktur konzentrieren sich auf Gedanken, Analysen, Beobachtungen und Theorien. Lebensbereiche werden automatisch segmentiert, Gefühle werden für sich behalten und wie das Wissen in verschiedene Kategorien unterteilt. So ziehen sie sich automatisch in die Welt ihrer Gedanken zurück und verlieren den Zugang zur unmittelbaren Erfahrung. Sie sind auf der Suche nach einem sicheren Ausgangspunkt, von dem aus sie die Welt verstehen können.

Grundüberzeugung

»Beobachtung und Analyse sind wichtig, um die Welt durchdringen und verstehen zu können. Wissen ist Grundvoraussetzung, um in der Welt zu existieren. Sich zu sehr persönlich einzulassen, bringt nur Verwirrung und unklare Verhältnisse. Austausch mit Anderen ist erst dann sinnvoll, wenn ich mir den Überblick verschafft habe. Es muss gesichert sein, dass ich nicht zu sehr emotional bedrängt werde. Die Untersuchung und das Ergründen der Dinge, die mich interessieren, haben Vorrang. Das Erforschen kann sich auch auf die menschliche Natur beziehen.«

Struktur 6 – Aufmerksamkeit und Überzeugung

AUFMERKSAMKEIT

»Genau beobachten und prüfen«

Äußere Erscheinungsbilder und Verhaltensweisen sowie menschliche Interaktionen werden überprüft und hinterfragt. SECHSER suchen nach verborgenen Absichten und Motiven bei anderen und bei sich selbst. Was steckt dahinter? Die Aufmerksamkeit beschäftigt sich unwillkürlich mit realen oder imaginierten Schwierigkeiten oder Gefahren in Vergangenheit und Zukunft. Sie dient der dauernden Beobachtung der Sicherheit – jedoch immer in dem Bewusstsein, dass es die totale Sicherheit nicht geben kann. Deshalb muss der Aufmerksamkeitspegel immer hoch gehalten werden.

GRUNDÜBERZEUGUNG

»Man kann niemandem voll und ganz vertrauen. Man muss immer auf der Hut sein, um nicht betrogen, verraten oder ausgenutzt zu werden. Autoritäten, Gesetze und Regeln versprechen Halt und Sicherheit, aber trotzdem darf die Wachsamkeit nicht nachlassen. Man kann niemandem ganz trauen und allzu oft beweist die Realität, dass Zweifel berechtigt sind. Genaues Beobachten sorgt für Sicherheit.«

Struktur 7 – Aufmerksamkeit und Überzeugung

Aufmerksamkeit

»Möglichst viel erfahren und erleben«

Die Aufmerksamkeit ist auf mehreren mentalen Ebenen beschäftigt, die assoziativ verknüpft werden. Die Wahrnehmung geht nach außen und nimmt dort alle vorhandenen Möglichkeiten wahr. Siebener wirken meist sehr energiegeladen und mental sprunghaft. Es ist unterschiedlich und abwechslungsreich, was sie ins Zentrum ihrer Aufmerksamkeit stellen. Die Vielfalt ist das Motto und so vielfältig sind auch die Themen, Aktivitäten, Pläne und Möglichkeiten, die sich ergeben. Dies führt dazu, dass sie in einem Moment ultra-belastbar sind und im nächsten von den eigenen Aktivitäten völlig erschöpft.

Grundüberzeugung

»Bei schmerzlichen und bedrohlichen Zuständen habe ich Angst und das überwältigende Gefühl, die Kontrolle zu verlieren. Ich versuche, dem zu entgehen – durch Schnelligkeit und indem ich den Ball immer am Laufen halte. Viel Energie und Bewegung bringen Sicherheit oder zumindest Erleichterung. Wenn nicht immer etwas in Bewegung ist, dann fehlt etwas. Es ist wichtig, möglichst viel umzusetzen und Möglichkeiten nicht verstreichen zu lassen.«

Struktur 8 – Aufmerksamkeit und Überzeugung

Aufmerksamkeit

»Das eigene Territorium im Blick behalten und den Raum sichern«

Die Aufmerksamkeit geht automatisch nach außen und hat das Ziel herauszufinden, wer Freund und wer Feind ist und wie die Machtverhältnisse sind. Ungerechtigkeit wird schnell und stark empfunden und es gibt ein instinktives Gespür für Machtverhältnisse und das eigene Territorium. Die Grenzen des Territoriums werden bewacht, nur Freunde haben Zutritt. Man muss den Überblick und die Kontrolle behalten, damit die Souveränität gewahrt bleibt.

Grundüberzeugung

»Das Leben bedeutet immer auch Kampf, dafür muss ich gewappnet sein, denn nur die wirklich Starken setzen sich durch. Ich muss sehen, dass ich mir in dieser Welt Respekt verschaffe, potenzielle Gegner rechtzeitig erkenne und mich nicht unterkriegen lasse. Es ist wichtig, in kritischen Situationen die Oberhand zu behalten.«

Struktur 9 – Aufmerksamkeit und Überzeugung

Aufmerksamkeit

»Gleichzeitig viel wahrnehmen und viel ausblenden«

Der Aufmerksamkeit der Neun fällt es schwer, zielgerichtet zu bleiben. Die Aufmerksamkeit streut und geht überall und nirgends hin. Deshalb fällt es schwer, zu priorisieren und Wichtiges von Unwichtigem zu unterscheiden. In potenziell konfliktträchtigen Situationen und unter Druck steigen Neuner aus oder blockieren, damit soll der Ruhekern der Autonomie gewahrt werden. Insgesamt ist der Aufmerksamkeitsstil aufnehmend, mit vielem verbunden, dabei aber unscharf und wenig konkret. So entsteht eine Diffusität, die oft durch Aktivität kaschiert ist. Mangels Fokus werden viele Standpunkte eingenommen. All dies sind Aspekte der Trägheit.

Grundüberzeugung

»Ich kann mich in fast jede Perspektive hineinversetzen. Es ist nicht so wichtig, was ich gerade will. Es von vielen Seiten zu betrachten ist für mich das Natürlichste, so kann ich mich auf vieles einlassen. Manchmal ist mir das aber auch zuviel. Stur auf Standpunkten zu beharren, bringt nichts und ist anstrengend.«

DAS VIER-SÄULEN-MODELL DES ENNEAGRAMMS

Leitthemen für die Enneagramm-Struktur-Bestimmung sind nicht Verhaltensweisen oder Angewohnheiten, sondern die vier Säulen

- Lebensthema
- Grundangst
- Grundbedürfnis
- Abwehr

In der Grafik ist dargestellt, dass das Primärzentrum die Voraussetzung ist, aus der das Grundthema entsteht, die vier Säulen sind daraus gespeist. Deshalb ist es sinnvoll, sich in der Enneagramm-Strukturbestimmung immer wieder auf das Primärzentrum zu konzentrieren, ob dies erkenn- und wahrnehmbar ist.

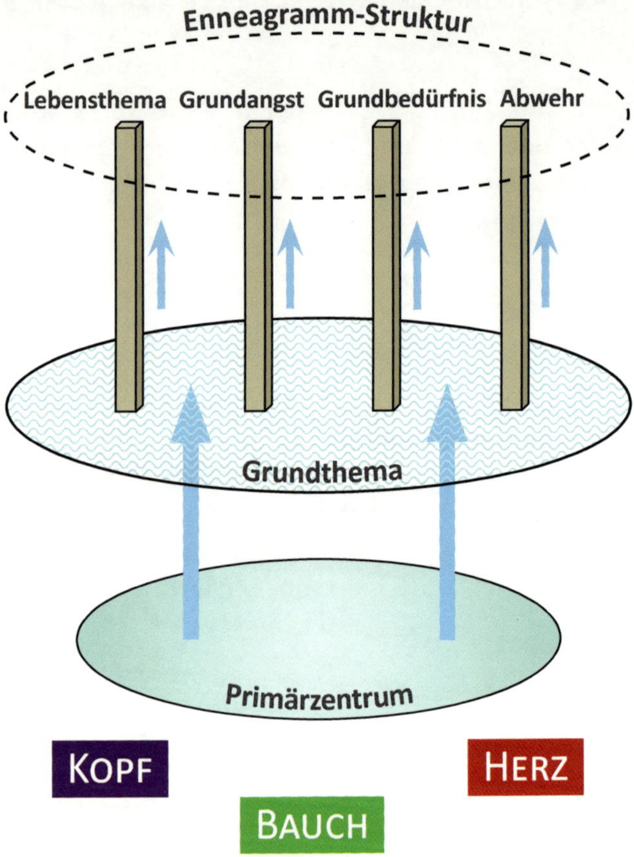

Abb. 9: Das Vier-Säulen-Modell des Enneagramms

Die Verbindungslinien zwischen den neun Enneagramm-Strukturen

Das Modell des Enneagramms zeigt zwischen den einzelnen Persönlichkeitsstrukturen Verbindungslinien auf.

Die Pfeilrichtung gibt die Bewegung zum Entwicklungspunkt an.
Entgegen der Pfeilrichtung befindet sich der Stresspunkt.

Der Entwicklungspunkt bedeutet eine Erweiterung im strukturgebundenen Erleben. Die Atmosphäre der Entwicklung ist hier relevant und schafft Handlungsspielraum und eine höhere Beweglichkeit innerhalb der eigenen Struktur. So geht es nicht darum, sich hin zum Entwicklungspunkt zu bewegen, sondern Aspekte des Entwicklungspunktes in die eigene Struktur zu integrieren.

Die Bewegung entgegen der Pfeilrichtung bedeutet eine Verstärkung der strukturimmanenten Abwehr für die jeweilige Persönlichkeitsstruktur. Die Abwehr bedeutet Schutz für das psychische System. Wenn die Abwehr der eigenen Struktur nicht mehr ausreicht, kommt zusätzlich die Abwehr des Stresspunktes zum Tragen. Diese wird dann als sekundäre Abwehr bezeichnet.

Als sekundäre Abwehr bezeichnet man die Abwehr des Stresspunktes.

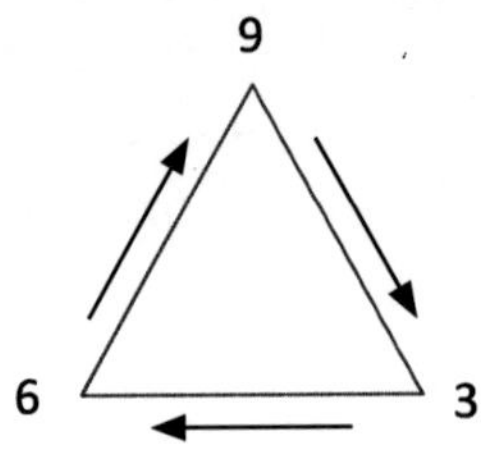

Abb. 10: Die positive Bewegung im Inneren Dreieck

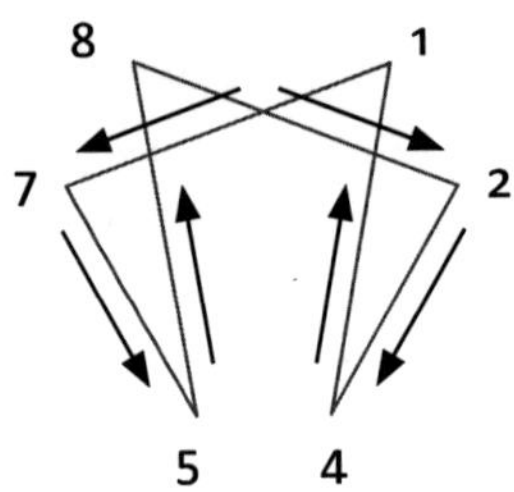

Abb. 11: Die positive Bewegung im Sechszack

Die Abwehrstrategien der neun Enneagramm-Strukturen

Jede Enneagramm-Struktur hat eine spezifische Abwehrstrategie. Diese ist strukturimmanent und durchdringt das ganze psychische System.

Die Abwehr ist immer vorhanden, sie dient als Schutz und sorgt für Stabilität im psychischen System, d. h. sie ist unbewusst und wirkt automatisch. Wenn die Abwehr der eigenen Enneagramm-Struktur nicht ausreicht, entsteht die Bewegung zum Stresspunkt. Das bedeutet, dass die Abwehrstrategie der entsprechenden Struktur als Verstärkung einsetzt wird, um weiter für Stabilität zu sorgen. Das Prinzip der Psyche stellt Überleben immer über psychische Weiterentwicklung. Der Preis der »Nebenwirkungen« spielt dabei keine Rolle.

Die Wirkung der Abwehr bewusst in den Fokus zu bekommen, stellt eine Herausforderung dar. Da die Abwehr automatisch funktioniert, ist es schwierig, sie zu erkennen. Zielführend ist hier, sich diese so oft wie möglich bewusst zu erschließen – denn die vermeintliche Abwesenheit der Abwehr deutet meist darauf hin, dass sie wirkt und nicht zugänglich ist.

Jeder Mensch kennt jede der neun Abwehren, die im Enneagramm beschrieben sind. Jedoch hat jeder eine *Homebase*, nämlich seine strukturimmanente

Abwehr, die unbewusst 24 Stunden am Tag einsatzbereit ist. Sie stellt gleichzeitig eine Ressource dar, da sie das psychische System vor Überlastung schützt.

Enneagramm-Struktur	Abwehr
Eins	Verleugnung Gefühle und Impulse werden geleugnet, als ob sie nicht existieren würden.
Zwei	Verdrängung Gefühle und Impulse werden zwar wahrgenommen, aber weggedrängt.
Drei	Identifikation Man ist mit Gefühlen und Impulsen völlig identfziert.
Vier	Sublimierung Gefühle und Impulse werden erhöht und verfremdet in Bildern und Metaphern.

Enneagramm-Struktur	Abwehr
Fünf	Reduktion Gefühle und Impulse werden so reduziert, dass sie nicht mehr bedrohlich sind.
Sechs	Projektion Gefühle und Impulse werden nach außen projiziert.
Sieben	Rationalisierung Gefühle und Impulse werden verargumentiert.
Acht	Ignoranz Gefühle und Impulse werden wahrgenommen, aber ignoriert, wenn sie stören.
Neun	Betäubung Gefühle und Impulse sind betäubt und deshalb oft kaum oder gar nicht zugänglich.

Enneagramm-Struktur 1 – Verleugnung

Die Einser-Struktur basiert auf abgespaltener Bauchenergie. Diese erfordert eine gewisse Rigidität vom System. Der Aufmerksamkeitsstil »Verbesserungswürdigkeit und Angemessenheit im Fokus« resultiert aus der Möglichkeit, unliebsame, heftige und irrationale Impulse zu kontrollieren. Nur so kann das zu Verbessernde auch erkannt und angemessen behandelt werden. Die strukturspezifische Abwehr *Verleugnung* ist dazu unerlässlich. Die Abwehr entsteht aus der strukturellen Beschaffenheit der abgespaltenen Bauchenergie und hält das Lebensthema Zorn in Schach. Gleichzeitig wird das Lebensthema aus der Verleugnung genährt, denn das subjektive Erleben mit der Vielfalt an Gefühlen fällt der Abwehr zum Opfer. So werden Impulse stark eingeschränkt und das Ringen um Angemessenheit findet oft kein Ende.

Die Zentral-Abwehr der Bauchstrukturen – Betäubung – unterstützt die Verleugnung, indem die nicht erwünschten oder bedrohlichen Impulse oder Gefühle schwächer wahrgenommen werden.

Enneagramm-Struktur 2 – Verdrängung

Die Zweier-Struktur basiert auf strömender Herzenergie. Somit ist die Wahrnehmung dafür, wie der Kontakt und die Beziehung zu anderen sind, immer im Fokus und im Bewusstsein. Die Verdrängung der eigenen Bedürfnisse, die wohl gespürt, aber dann verdrängt werden, ermöglicht es, auf diesen Fokus – in Beziehung und Kontakt mit anderen zu sein – ausgerichtet zu bleiben.

Die Verdrängung von Gefühlen und Bedürfnissen nährt das Lebensthema – den Stolz, nicht auf die anderen angewiesen zu sein – und verschafft den Eindruck der Sicherheit, denn so wird die Zurückweisung vermieden. Gleichzeitig stellt die Abwehr eine Begrenzung dar, da der sehnlichste Wunsch, im authentischen Kontakt zu sein, dadurch erschwert wird.

Die Zentral-Abwehr der Herzstrukturen – Identifikation – unterstützt die Verdrängung. Man ist damit identifiziert, dass es sinnvoll ist, nicht erwünschte oder bedrohlich erscheinende Gefühle oder Impulse wegzudrängen.

Enneagramm-Struktur 3 – Identifikation

Die Dreier-Struktur basiert auf warmer Herzenergie. Auch hier geht es um das Thema Kontakt, es zeigt sich jedoch in der weniger persönlichen Variante, nämlich »auf der Situation angepassten Erfolg ausgerichtet«. Dies ist dann optimal möglich, wenn die Abwehr *Identifikation* gut funktioniert. Wenn man ganz mit der Rolle identifiziert ist, wirkt man am überzeugendsten. Auch hier ist es ein unbewusster Vorgang, der aus der strukturellen Beschaffenheit der Energie resultiert. So unterstützt die Abwehr *Identifikation* das Lebensthema Täuschung. Die Begrenzung liegt darin, dass gerade die Identifikation naturgemäß sehr schwer zu fassen und zu durchschauen ist. So können Dreier dann oft schlecht erkennen, wo ihre Fehlhaltungen oder Schwächen liegen.

Enneagramm-Struktur 4 – Sublimierung

Die Vierer-Struktur basiert auf nach innen gekehrter Herzenergie. Das Kontaktthema zeigt sich in der Sehnsucht nach dem Austausch mit anderen. Die Aufmerksamkeit ist »auf das Fehlende und Unerreichbare ausgerichtet«. Dies wird durch die Erzeugung von Bildern, Atmosphären und Kulissen, die die Vier umgeben, erzeugt. Diesen Vorgang nennt man Sublimierung. So unterstützt die Abwehr *Sublimierung* das Bedürfnis nach Kontakt, indem innerliche Ersatzwelten geschaffen werden. Gleichzeitig entsteht dadurch auch die Begrenzung, weil der reale und direkte Kontakt mit anderen erschwert wird und die Welt weiter weg rückt. Die Abwehr *Sublimierung* nährt somit den Neid, dass andere etwas haben, was man nicht hat.

Die Zentral-Abwehr der Herzstrukturen – Identifikation – unterstützt die Sublimierung. Diese gelingt besser, wenn man mit den zu erhöhenden oder zu veredelnden Gefühle oder Impulsen auch ganz identifziert ist.

Enneagramm-Struktur 5 – Reduktion

Die Fünfer-Struktur basiert auf ausgedehnter Kopfenergie. Das Thema Sicherheit und Orientierung zeigt sich in einer systematischen Herangehensweise in allen Bereichen des Lebens. Die Aufmerksamkeit ist auf »Untersuchen und Analysieren« ausgerichtet. Subjektive Gefühle sowohl bei sich selbst als auch bei anderen sollen eingeordnet werden. Die Reduktion seiner selbst und auch die Reduktion von störenden Umwelteinflüssen ist die Abwehr. Das heißt, dass Gefühle, Impulse, Spontaneität nur in reduziertem Maße in die Welt gebracht werden. Gleichzeitig erfährt die Fünf damit eine Begrenzung, denn das erfahrungsgestützte Wissen ist aufgrund der Reduktion eingeschränkt. So bedingen die Abwehr *Reduktion* und das Lebensthema Ich-Geiz einander.

Die Zentral-Abwehr der Kopfstrukturen – Projektion – macht die Reduktion besser möglich, denn das persönliche Weniger-Werden kann dadurch kompensiert werden.

Enneagramm-Struktur 6 – Projektion

Die Sechser-Struktur basiert auf der um sich kreisenden Kopfenergie. Das Sicherheitsthema zeigt sich durch die Aufmerksamkeit »genau beobachten und prüfen«. Die Projektion als Abwehr soll die Orientierung erhöhen. Indem in Situationen oder in Personen etwas projiziert wird, wird vermeintlich mehr Klarheit gewonnen und es entsteht subjektiv mehr Sicherheit. Die Begrenzung der Abwehr *Projektion* liegt darin, dass reine Projektion und realitätsgestützte Beobachtung nur schwer zu unterscheiden sind. Der Zweifel als Lebensthema soll durch die Abwehr *Projektion* zur Ruhe kommen – wird aber gleichzeitig durch sie verstärkt.

Enneagramm-Struktur 7 – Rationalisierung

Die Siebener-Struktur basiert auf flüchtender Kopfenergie. Das Thema Sicherheit und Orientierung zeigt sich durch die Aufmerksamkeit auf »möglichst viel erfahren und erleben«. Durch die Vielfältigkeit der Einfälle und Aktivitäten soll möglichst viel Überblick gewonnen werden. Die Rationalisierung als Abwehr könnte man auch als Ver-Argumentierung bezeichnen. Es wird dauernd erklärt, warum dieses oder jenes jetzt notwendig ist oder anders umgesetzt werden soll. Somit unterstützt die Abwehr das Lebensthema Gier. Die Begrenzung liegt darin, dass Siebener selbst Opfer ihrer Überzeugungsarbeit werden und ihre Grenzen nicht spüren. Dann tritt Überforderung ein und die Orientierung geht verloren.

Die Zentral-Abwehr der Kopfstrukturen – Projektion – unterstützt die Rationalisierung, indem sie Schützenhilfe bei der Argumentation leistet.

Enneagramm-Struktur 8 – Ignoranz

Die Achter-Struktur basiert auf expansiver Bauchenergie: Das Thema Autonomie und Raum zeigt sich durch die Aufmerksamkeit auf »Das eigene Territorium im Blick behalten und den Raum sichern«. Die Abwehr *Ignoranz* äußert sich darin, dass störende und unliebsame Dinge zwar wahrgenommen werden, jedoch wird ihre Relevanz aberkannt. In dieser Nicht-Beachtung steckt das Lebensthema »Lust haben – keine Lust haben«. Die Begrenzung liegt darin, dass dadurch Dinge, Personen und Ereignisse nicht in ihrer Bedeutung erkannt werden und infolgedessen umso stärker das Territorium bedrohen können.

Die Zentral-Abwehr der Bauchstrukturen – Betäubung – unterstützt die Ignoranz: Wenn Gefühle oder Bedürfnisse nicht so stark gespürt werden, sind sie zwar da, können aber besser ignoriert werden.

Enneagramm-Struktur 9 – Betäubung

Die Neuner-Struktur basiert auf gedämpfter Bauchenergie. Das Thema Autonomie und Raum zeigt sich durch die Aufmerksamkeit auf »Viel wahrnehmen und viel ausblenden«. Dies schafft ein großes Wahrnehmungsspektrum, welches durch die Abwehr *Betäubung* jedoch wie weichgezeichnet ist. Durch die Beliebigkeit entsteht zwar Raum, in dem alles möglich ist, aufgrund der Abwehr *Betäubung* jedoch fehlt die klare Konturierung dieses Raums und der Inhalte. Somit unterstützt die Betäubung die Trägheit als Lebensthema. Die Begrenzung liegt darin, dass durch Diffusität und mangels einer klaren Positionierung die Autonomie verloren gehen kann.

Überblick über primäre und sekundäre Abwehr

Enneagramm-Struktur	Primäre Abwehr	Sekundäre Abwehr
Eins	Verleugnung	Sublimierung
Zwei	Verdrängung	Ignoranz
Drei	Identifikation	Betäubung
Vier	Sublimierung	Verdrängung
Fünf	Reduktion	Rationalisierung
Sechs	Projektion	Identifikation
Sieben	Rationalisierung	Verleugnung
Acht	Ignoranz	Reduktion
Neun	Betäubung	Projektion

Die Abwehrmechanismen des Inneren Dreieckes sind die Zentral-Abwehrmechanismen, die als Trinität übergeordnet für alle Menschen gelten. Die Zentralabwehr ist die Grundlage für die rechts und links von ihr angeordneten Abwehrmechanismen.

Betäubung ist die Grundlage für Ignoranz und Verleugnung.

Identifizierung ist die Grundlage für Verdrängung und Sublimierung.

Projektion ist die Grundlage für Reduktion und Rationalisierung.

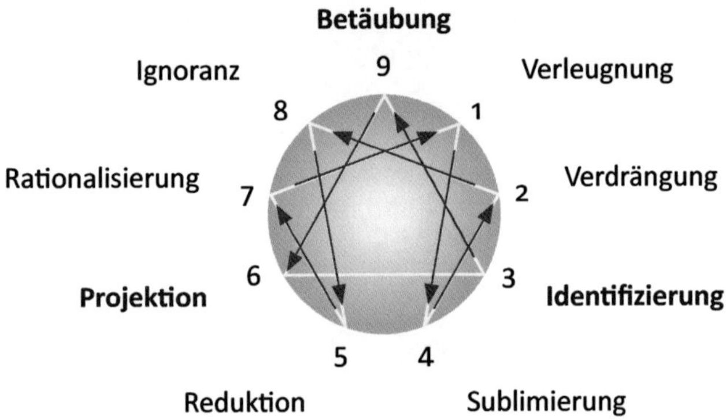

Abb. 12: Primäre und sekundäre Abwehr
(Die Pfeilrichtung gibt den Weg zum Stresspunkt
und zu der dort aktivierten Abwehr an.)

Projektion und Betäubung zusammen mit gleichzeitiger Identifizierung legen jeden Selbsterkenntnisprozess lahm: Die eigenen Bedürfnisse und Gefühle sind betäubt, mit den unangenehmen Aspekten seiner Person ist man identfziert und wo Betäubung und Identifikation nicht ausreichen, erfolgt die Projektion auf andere.

Die Tugenden der neun Enneagramm-Strukturen

Die Tugenden der Enneagramm-Strukturen bezeichnen den Zustand, der für die Beweglichkeit im strukturgebundenen Erleben am hilfreichsten sind. Gleichzeitig ist es die Eigenschaft, die für die jeweilige Struktur am schwersten zu erreichen ist. Die Tugend ist eigentlich wie ein Fremdkörper in der Psyche, weil sie Überlebensstrukturen aufweicht. Eine aufgeweichte Überlebensstruktur führt dazu, dass abgespaltene oder verdrängte psychische Inhalte an die Oberfläche kommen können. So ist unter Umständen die Stabilität und Funktionalität bedroht.

Die Tugend kann als Orientierungspunkt fungieren, an dem man sich immer wieder ausrichten kann. Gleich einem Fixstern »leuchtet« die Tugend als der Zustand, der aus der strukturgebunden Fixiertheit herausführt.

Die Tugenden des Inneren Dreieckes sind die Zentral-Tugenden, die als Trinität übergeordnet für alle Menschen gelten. Eine Zentraltugend ist die Voraussetzung für die rechts und links von ihr angeordneten Tugenden. Diese stellen wiederum jeweils Polaritäten dar. Die Begriffe, die den Tugenden zugeordnet sind (Enge – Weite, Oben – Unten und Außen – Innen) stellen eine innerpsychische Bewegung dar, die mit der jeweiligen Tugend verknüpft ist.

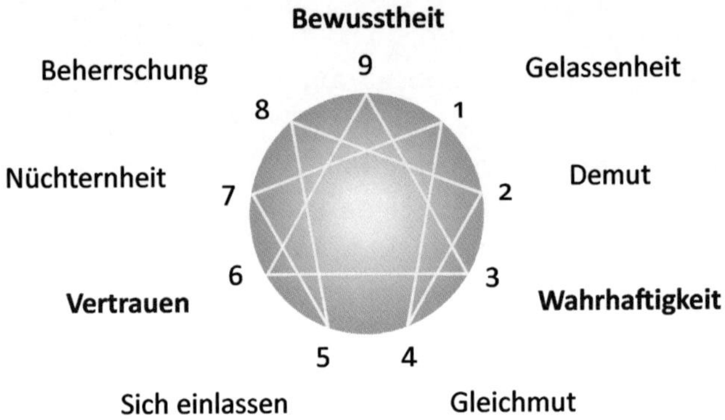

Abb. 13: Die Tugenden

Bewusstheit ist die Grundvoraussetzung für Beherrschung oder Gelassenheit.

Wahrhaftigkeit ist die Grundvoraussetzung für Gleichmut oder Demut.

Vertrauen ist die Grundvoraussetzung für das Sicheinlassen oder Nüchternheit.

Bauch-Triade der Tugenden

Gelassenheit – Weite

Beherrschung – Enge

Bewusstheit – Balance – sowohl als auch

Herz-Triade der Tugenden

Demut – Unten

Gleichmut – Oben

Wahrhaftigkeit – Balance – sowohl als auch

Kopf-Triade der Tugenden

Sich einlassen – Außen

Nüchternheit – Innen

Vertrauen – Balance – sowohl als auch

Die Triaden der Tugenden verdeutlichen, dass das Enneagramm auch in seiner Geometrie zu erfassen ist. So sind die Tugenden Ausdruck von Polaritäten und die Zentraltugenden stellen die Balance dar, die für die Zentrierung zwischen den jeweiligen Polen sorgen.

Triade der Höheren Aspekte

Glaube – Kopf

Liebe – Bauch

Hoffnung – Herz

Die Zentraltugenden sind die Voraussetzung für die höheren Aspekte im Enneagramm.

Ohne Vertrauen ist Glaube nicht möglich.

Ohne Bewusstheit ist die Liebe blind.

Ohne Wahrhaftigkeit ist die Hoffnung eine trügerische.

Konstanzer Schule des systemischen Enneagramms

Energiestrukturen statt Typen

Wir verstehen das Enneagramm als ein Modell der drei psychischen Wahrnehmungs-, Verarbeitungs- und Organisationszentren: Bauch, Herz und Kopf.

Jeder Mensch hat eine der drei Grundenergien als Primärenergie. Diese folgt einem der drei Reaktionsprinzipien: Angriff, Flucht oder Erstarrung. Dadurch weist er eine der neun (3 × 3) möglichen Energiestrukturen auf.

Das Potenzial und die Begrenzung eines Menschen sind eng mit seiner Enneagramm-Struktur verknüpft. Wir sehen das energetische Flussbett einer Enneagramm-Struktur als großes Potenzial, in dem ein Mensch wachsen kann. Wir sprechen von orientierten oder nichtorientierten Menschen in ihrer Struktur. Ziel ist das Wachstum in der eigenen Enneagramm-Struktur und nicht deren Auflösung.

Die Zahl ist der Name

Namen sind nicht Schall und Rauch: Namen für die einzelnen Strukturen erzeugen Bilder und Vorstellungen und am Ende Klischees. Wir verwenden deshalb ausschließlich die Zahlen 1–9.

Neun Gute Gründe

Eine Schwalbe macht noch keinen Sommer. Diese Redewendung soll heißen: wir prüfen anhand bestimmter Kriterien, was eine Enneagramm-Struktur ausmacht.

Themenbereiche, bestimmte Eigenschaften oder Verhaltensweisen ergeben noch keine Enneagramm-Struktur. Inhalte sind für uns Türen, durch die man in die Atmosphäre eines der »neun Planeten« gelangen kann.

Aus welchem Betriebssystem und mit welcher Motivation ein Verhalten entspringt, kann ganz unterschiedlich sein. Deshalb halten wir es für erforderlich, der Bedeutungsspur eines Verhaltens zu folgen. Unser Credo lautet: Für jedes Thema und jedes Phänomen gibt es »Neun Gute Gründe« analog zu den neun Enneagramm-Strukturen.

Enneagramm-Struktur-Bestimmung (ESB)

Bei der ESB orientieren wir uns an den drei Grundenergien und den damit verknüpften Grundthemen. Wir gehen die ESB mit unterschiedlichen Methoden an:

1. KAFA – Kognitiv-assoziative Flipchart-Analyse
2. Aufstellung des Triadischen Prinzips
   (Bauch – Herz – Kopf)

Anhand dieser zwei Vorgehensweisen prüfen wir, ob wir im Sinne des *Vier-Säulen-Modells* folgendes erfassen können:

- Grundbedürfnis
- Grundangst
- Lebensthema
- Abwehr

Dies sind die vier Leitbegriffe, anhand derer wir die Enneagramm-Struktur erfassen. Diese Begriffe resultieren aus der Beschaffenheit der jeweiligen Energiestruktur und sind Grundlage für unsere *Struktogramme*. In der ESB sehen wir von Flügeln und Subtypen ab, da sie bei der Strukturidentifizierung zu Irritationen führen können.

Das Enneagramm in den systemischen Kontext stellen

Nur weil einem etwas gewohnt oder vertraut ist, entspricht das noch nicht einer Enneagramm-Struktur. Die Identifikation mit einer Enneagramm-Struktur ist die stärkste Form, um in Bindung mit dem Herkunftsfamiliensystem zu bleiben.

Deshalb ist die eigene Enneagramm-Struktur manchmal nicht klar fassbar. Dies kann verschiedene Ursachen haben. Wir unterscheiden drei Formen:

- **Verschleierung der Enneagramm-Struktur**
- **Überlagerung der Enneagramm-Struktur**
- **Deformation der Enneagramm-Struktur**

Eine verschleierte, überlagerte oder deformierte Enneagramm-Struktur ist oft schwer zu entdecken. Um Irrtümer bei der Struktur-Identifizierung zu vermeiden, überprüfen wir stets folgende Möglichkeiten:

1. Ist die Struktur durch Introjekte/Aufträge/Ereignisse aus dem Familiensystem überlagert, verschleiert oder deformiert?
2. Ist jemand mit der Struktur eines Familienmitgliedes identifiziert?
3. Liegen Traumata oder seelische Störungen vor, die stärker wirken als die Enneagramm-Struktur?
4. Gibt es relevante gesellschaftliche Prägungen? (z. B. bei weiblichen Ausformungen der 8er- oder männlichen Ausformungen der 2er-Struktur)
5. Liegt eine negative Repräsentanz der eigenen Struktur vor? (Struktur ist schon z. B. durch Vater oder Mutter vertreten)

Enneagramm-Tests halten wir von daher für sehr bedingt brauchbar, da sie nur das erfassen können, womit jemand identifiziert ist.

Wenn jemand mit einer fremden Enneagramm-Struktur identifiziert ist, so gerät er, wenn er sich damit intensiv beschäftigt, noch weiter in die negative symbiotische Verstrickung.

Zuordnung einer Enneagramm-Struktur

Was ist, wenn sich jemand einer fremden Struktur zugeordnet hat?

Wir unterscheiden zwei Formen der Identifikation mit einer fremden Enneagramm-Struktur.

1. Die erste Form der Identifikation mit einer fremden Enneagramm-Struktur dient dem Überleben und der Stabilität. Bei dieser Ausganglage gehen wir sehr behutsam vor, wenn wir der Auffassung sind, es ist nicht die eigene Struktur. Diese fremde Struktur ist ein Überlebensmechanismus und deshalb wichtig und stabilisierend.
2. Die zweite Form der Identifikation mit einer fremden Enneagramm-Struktur verwechselt unter Umständen psychisches Leid mit einer Struktur. Beispiele hierfür: Eine Angststörung mit der Struktur 6, eine Depression mit der Struktur 4 zu verwechseln. Hier gehen wir davon aus, dass jemand darin nicht wachsen kann und unter Umständen seelisches Leid noch zementiert. In diesem Fall würden wir unsere Auffassung der passenden Struktur deutlich, zeitnah und klar zum Ausdruck bringen.

Deutungshoheit

Wenn wir von jemanden den Auftrag zu einer ESB erhalten, so kommunizieren wir unsere Einschätzung über dessen Struktur deutlich und zeitnah und begründen dies ausführlich aufgrund des Vier-Säulen-Modells bzw. der Struktogramme. Wir gehen äußerst sorgfältig und überlegt vor, weil uns bewusst ist, dass eine fremde Zuordnung auch Schaden anrichten kann. Die Deutungshoheit liegt selbstverständlich beim Kunden.

Stresspunkt

Aus unserer Sicht ist der relevante Aspekt des Stresspunktes die dort vorhandene Abwehr: Ist die strukturimmanente Abwehr unzureichend oder überlastet, wird durch die psychische Bewegung hin zum Stresspunkt die sekundäre Abwehr aktiviert. Dies ist dann die Abwehr des Stresspunktes.

Entwicklungspunkt

Persönlichkeitsentwicklung wird durch Impulse unterstützt, die aus der Atmosphäre des Entwicklungspunktes kommen. Man soll sich nicht zum Entwicklungspunkt hin bewegen sondern Impulse des Entwicklungspunktes in die eigene Struktur integrieren, um das Potential dort zu schöpfen.

Tugend

Jeder Enneagramm-Struktur ist eine Tugend zugeordnet. Diese ist die Tür, die strukturgebundene Entwicklung ermöglicht. Um diese Tür zu öffnen, bedarf es der Prä-Tugend. Dies ist die Tugend des Entwicklungspunktes.

Trickster/Gestaltenwandler

Es gibt jedoch einen Anteil in der Psyche, der entlastend ist für das psychische System und der Stabilisierung dient. Dieser Anteil hat viele Qualitäten des Entwicklungspunktes. Er wird in Enneagramm-Kreisen das *Seelenkind* genannt. Wir beziehen uns bei Trickster auf C. G. Jung, der diesen Anteil der Psyche genau beschrieben hat. Der Trickster ist ein Überlebenskünstler. Als solcher kann er Reife und Entwicklung vortäuschen und dadurch – wenn er eine zu hohe Präsenz hat – einem strukturgebundenen Entwicklungsprozess im Wege stehen. Er ist jedoch unverzichtbar, weil er wiederum auch Impulsgeber für Entwicklung ist.

Eichhörnchen-Prinzip

Ein effektiver Nutzen des Modells für den Einzelnen kann nur durch die kontinuierliche Untersuchung der eigenen Struktur entstehen.

Redlich nährt sich das Eichhörnchen. Dieses Sprichwort charakterisiert unseren Ansatz von Enneagramm-Arbeit. Nur durch alltägliches, bewusstes Erleben und Erkennen der strukturellen Begrenzung ist es möglich, deren Wirkmechanismen zu durchschauen.

Die geometrischen Figuren des Enneagramms

Die zwei geometrischen Figuren des Enneagramms setzen wir in Coaching und Therapie als eigenständige Tools ein:

1. Das Dreieck – als Triadisches Prinzip
   Das heißt, wir arbeiten mit dem Triadischen Prinzip als Aufstellungsformat. Wir sehen die drei Zentren Bauch – Herz – Kopf als zentrale Ressourcen des Menschen an. Mit der Aufstellung können wir deutlich machen, wie ressourcenstark die einzelnen Zentren sind. Es ist weiter möglich, fremde Inhalte von eigenen zu trennen und so eine identitätsstärkende und ressourcenorientierte Prozessarbeit zu gestalten.
2. Der Sechszack – als Strategisches Prinzip
   Wir arbeiten hier mit den sechs Aufmerksamkeitsstilen der sechs Strukturen 1 – 7 – 5 – 8 – 2 – 4 (siehe auch Abb. 11 auf Seite 50). Der Sechszack eignet sich für Prozesse, die eine Strategie benötigen. Um Anliegen und Ziele umzusetzen, wird das Strategische Prinzip eingesetzt. Dies beginnt immer am Punkt 1 und folgt dann den Entwicklungslinien. So können Stärken verstärkt und Schwächen bzw. Entwicklungsfelder genau geortet werden. Entwicklungsprozesse werden in Flow-Richtung angestoßen. Dadurch entsteht Orientierung für die nächsten Schritte.

Die Tradition der Konstanzer Schule des systemischen Enneagramms

Die o. g. Auffassungen sind die Grundlage unserer Enneagramm-Arbeit. Im Sinne der Triade stehen wir für Folgendes:

- **Kopf**: Wir bieten Transparenz, Orientierung und Überblick in unserer Enneagramm-Arbeit.
- **Bauch**: Wir lassen uns und unseren Kunden/Klienten Handlungsspielräume, wie und in welcher Form das Enneagramm für sie nützlich sein kann.
- **Herz**: Wir arbeiten prozessorientiert und im verbindlichen Kontakt mit unseren Kunden/Klienten und stellen deren Auftrag in den Mittelpunkt unserer Arbeit.

Ein weiteres Buch der Autorin:

»Das Enneagramm im systemischen Kontext«

Mehr unter: www.systemisches-enneagramm.de.

Zur Autorin:
Gabriela v. Witzleben, Jahrgang 1961, Heilpraktikerin für Psychotherapie, wohnt und arbeitet in Konstanz am Bodensee. Sie arbeitet sowohl psychotherapeutisch-/HPG in eigener Praxis als auch im Bereich Coaching/Beratung. 2008 hat sie zusammen mit ihrem Mann das »Institut für systemisches Enneagramm« gegründet. Am Institut werden zahlreiche Seminare und Weiterbildungen zum Enneagramm angeboten sowie eine Ausbildung zum zertifizierten systemischen Enneagramm-Coach.

Weitere Informationen zur Autorin unter: http://www.systemisches-enneagramm.de/institut/.